AF204002

Trauer

2

3

Freude

bedeutet Verlust und viele Tränen

lässt die Seele tanzen

1

schweres Herz und schwere Seele

gibt mir so viel Energie

4

8

schenkt mir inneren Frieden

bringt mich zum Schreien

5

bringt Leichtigkeit in den Tag

raubt so viel Kraft

Glück

7

6

Wut

Rosina Morgenstern

Gedanken zwischen Himmel und Hölle

Gedichte

www.tredition.de

© 2021 Rosina Morgenstern

Verlag und Druck:
tredition GmbH, Halenreie 40-44, 22359 Hamburg

ISBN
Paperback: 978-3-347-37682-3
Hardcover: 978-3-347-37683-0
e-Book: 978-3-347-37684-7

Abrakadabra

Abrakadabra, Simsalabim…

Dreimal schwarzer Kater…

Ein neuer Clown steht auf

den Brettern dieses Theaters…

Seine Zukunft liegt in der Gunst

des Betrachters…

Ist er lustig, hüpft und springt,

welche Freude, welche Kunst!

Doch entspricht er nicht,

was von ihm erwartet,

entzieht man ihm die Gunst…

Kunst und Leistung verschwinden

im Dunst…

Wo soll er jetzt hin?

Simsalabim…

Bei Nacht

Ich sitze hier im Dunklen in meinem
Garten,

der Schlaf lässt noch auf sich
warten…

Plötzlich höre ich leise Geräusche,

in meinem Garten fliegen
Fledermäuse…

Ihr Flug ganz still und leise,

sie leben ihr Leben auf ihre Weise…

Hier im dunklen Garten finden sich
die Gedanken

und gehen auf ihre Reise…

In die Vergangenheit und in die
Ferne,

Träume sind schön, bringen mich in
neue Gefilde…

Wunderschöne Orte, die nie zuvor gesehen,

ich wünsche sie jede Nacht zu sehen...

Wieder finden im Schlaf, was so wunderschön,

für die Realität einfach zu schön...

Darum liebe ich die Nacht,

der Traum über sie wacht...

Mich bringt an ferne, schöne Orte,

die ich nur im Himmel vermochte...

Aber in der Nacht sind sie da,

sie sind dort immer dar...

Jederzeit kann ich diese Orte besuchen,

die in dieser Welt niemand kann suchen...

Orte voller Schönheit, Reinheit,
einfach perfekt.

Wenn ich sie sehen darf, bin ich
voller Respekt!

Vor dieser Schönheit, diesem Glück,

das sich mir zeigt und mich
verzückt...

Im Schlafe, in der Nacht,

da kehren sie zu mir zurück...

Diese schönen Orte voller Zuversicht,

kehren nun zurück in Sicht - dieses
Licht-

mit aller Macht, in der Nacht...

Ich sitze hier im Dunkeln in meinem
Garten,

der Schlaf lässt noch auf sich
warten...

Wenn ich träume

Wenn ich träume, bin ich frei…

Betrete neue Räume…

Erlebe Abenteuer,

entdecke Teile der Welt,

habe wirklich gute Freunde!

Es ist eine schöne Welt!

Voller Dinge und Orte,

die ich nicht kannte…

Treffe Menschen, die ich nicht kenne,

trotzdem sind sie mir gleich so
vertraut…

Sehe meine verstorbenen
Verwandten

und meine geliebten Tiere…

Dann bin ich glücklich!

Glücklich und frei!

Meine Sehnsucht wird für den Moment gestillt!

Nach Orten, die ich liebe,

nach Menschen und Tieren, die ich vermisse…

Es ist so schön!

Wenn ich träume…

In meinem Garten

Libellen schweben über meinem Teich,

ganz leicht, zerbrechlich, Elfen gleich...

Die Grashalme wiegen sich sanft im Wind,

ich fühle mich wieder wie ein Kind...

Lass die Zeit ganz einfach ziehen vorbei,

ohne Hast und Eile, sitze nur da und verweile...

An meinem Teich, im Schatten eines Baumes,

sehe hier, rieche dort – einfach nur Vertrautes...

Der Blick geht langsam von hier nach dort,

es ist doch mein Lieblingsort…

Da, wo meine Hände oft in Erde
wühlen,

kann man nicht anders, als sich
wohlzufühlen…

Auch wenn die Arbeit manchmal
hart,

lohnt sich die Mühe für die Blüten so
zart…

Dort freuen sich die Bienen,

dass die Blüten ihnen dienen…

Es macht mich zuversichtlich,

hier sind alle glücklich…

Moment

Grillen in meinem Garten,

sie erzählen vom Sommer...

Sagen mir, ich soll die Sorgen

verschieben auf morgen...

Sagen mir, ich soll nicht verzagen,

alles was bedrückt vertagen...

Soll meine Zeit nicht vertun,

stattdessen in mir selber ruhn...

Sagen mir, ich soll einfach nur leben

und genieße die Tage...

Die Tage, die noch vom Sommer
bleiben,

bevor der Herbst kommt zum
Verweilen...

Darum bin ich glücklich, wenn ich
draußen bin...

Im Grünen und im Sonnenschein!

Kann Kräfte sammeln und für mich
sein.

Danke euch, ihr lieben Grillen

für euer Lied und mein Kompliment,

es brachte Glück und Frieden für
diesen Moment!

Stürme

Die Stürme des Lebens

toben um uns herum...

Manche kommen mit Ankündigung,

du kannst dich davor wappnen...

Andere kommen unerwartet

und mit unverhoffter Kraft...

Sie reißen alles auseinander,

zerstören einfach alles...

Dann kommt die Ruhe nach dem
Sturm,

du kannst dich sammeln,

wieder aufbauen, von neuem
anfangen...

Turbulenzen kommen und gehen!

Richte dich auf und atme tief durch!

Dann tue einen Schritt nach dem anderen...

Stürme kommen und gehen!

Ein Leben lang!

Bleib stark!

Richte dich immer wieder auf!

Es kommen ruhigere Zeiten!

Schläge

Sie kommen von rechts und links,

manchmal treffen sie direkt ins
Gesicht...

Passt du nicht auf – nur einen
Moment...

Dann steckt dir das Messer im
Rücken!

Vorher gibt es noch ein feierliches
Lächeln...

Die Welt ist verdorben und krank!

Natur – oh, wie schön...

Doch so ist sie nicht!

Die Natur ist grausam,

so wie wir...

Fressen und gefressen werden!

Wer nicht funktioniert,

wird aussortiert!

So kommen die Schläge!

Einer hier, einer dort.

Mal von links, mal von rechts...

Einmal bist du auch die Maus...

Wie schade...

Die Katze wollte doch nur spielen...

Dunkle Nacht

Um mich herum nur dunkle Nacht.

Irgendwas hat meine Gefühle in
seiner Macht...

Jetzt nur nicht mokieren,

es gilt nur funktionieren...

Gefühle gelten als Schwäche,

es gelten nur höhere Mächte...

Ich fühle mich so leer,

das Leben ist so schwer...

Hätte ich doch größere Kräfte,

dann wäre vieles so, wie ich es
dächte...

Wo sind meine Lieben?

Was ist von ihnen geblieben?

Trauer und Schmerz in meinem
Herzen,

ich vermisse sie und muss vieles
verschmerzen...

Wird alles wieder gut?

Gott hat es in seiner Hut...

Höhere Macht

Ich weiß nicht, ob es sie wirklich gibt
– die höhere Macht...

egal, ob wir sie Gott nennen oder wie
auch immer...

Ich habe gebetet und gefleht...

Doch was ist geschehen?

Nicht das, was ich ersehnt...

Ist es Schicksal oder höhere Macht?

Es gibt Menschen, die glauben,

die Antwort zu kennen...

Was wir seit Jahrtausenden nicht
wissen,

uns plagt unser Unwissen...

Woher sollen DIE das auf einmal
wissen?

Ich denke, es erleichtert ihr Gewissen

und sie wissen,

dass diese Erkenntnis Millionen

Menschen beschäftigt –

und sie verdienen dadurch
beträchtlich...

Doch was wissen sie schon?

Reden alles schön...

Genauso wie Psychiater, geben
Ratschläge,

doch sind im Endeffekt keine
wirklichen Berater...

Sie wissen es auch nicht besser,

nur spielen sie ihre Rolle besser.

Denken, sie hätten die Macht.

Aber nicht die höhere Macht, denn
wenn es sie gibt,

seid Gewiss, jeder muss seine Lektion lernen,

aus dem Leben, so wie es abgesprochen –

mit der höheren Macht...

Kleine Welt

Jeder lebt in seiner eigenen kleinen
Welt...

Entweder kollektiv oder auch ganz
allein...

Mal am Boden, mal hoch erhoben...

Doch was spielt das für eine Rolle?

Eigentlich doch keine...

Wer oder was wir sind...

Was wir tun oder halt nicht...

Für diese Welt hat es kein Gewicht!

Denn wir sind nicht wichtiger als
andere Wesen!

Sie könnten uns sogar überleben!

Deshalb haltet einen Moment inne

und geht ins Innere!

Besinnt euch! Kommt zu euch!

Beleuchtet euer Leben und euer Geben!

Denn darauf kommt es an.

In jedem Leben! In dieser Welt!

Für jeden Einzelnen in seiner kleinen Welt!

Nach außen

Nach außen hin scheint bei allen alles toll,

harmonisch, einfach wundervoll...

Ist das alles aber wirklich ehrlich?

Wäre schön, wenn es so wäre,

aber wie viele leben nur zum Schein

und würden gerne anders sein?

Freier und glücklicher, mal für sich,

als nur ein Besitz zu sein...

Dem Schein entfliehen und mal was anderes sehen

und erleben, als das triste Alltagsleben...

Was geben sie nicht alle dafür aus?

Hauptsache nach außen hin...

Tagpfauenauge

Ein Tagpfauenauge ruht an meinem
Schuppen…

Ich wollte nur kurz nach den
Sträuchern gucken…

Er ruht einfach dort im Stillen

und lässt sich nicht beirren,

denn er weiß,

hier wird ihm nichts passieren…

Wie Blätter

Wir sind wie Blätter...

Im Frühling blühen wir...

Im Sommer reifen wir...

Im Herbst welken wir...

Im Winter sterben wir...

Ohnmächtig

Ich bin nicht mehr da, wo ich war...

Stehe ohnmächtig daneben und

kann nur zusehen...

Niemand fragt mich nach meiner
Meinung,

keiner da, den es interessiert, wohin
ich gehe...

Was soll ich tun?

Bin ohnmächtig, nicht fähig etwas zu
tun...

Es tut so weh!

Ohnmächtig von Trauer, Schmerz,
Verlust,

Misstrauen, Wut und Hass...

Ihr tut so weh!

Lasst mich los! Lasst mich frei!

Ich ersticke, geh langsam ein...

Verwundete Seele, Narben auf
meinem Körper...

Sie erzählen die Geschichte meines
Lebens...

Vielleicht vergebens...

Denn ich sehe nur noch zu und

stehe ohnmächtig daneben...

Heute

Alles gegeben heute…

Soviel gemacht…

Aber jetzt fühle ich mich so leer…

Niemand da…

Bin für alle nur die Irre…

Ja – lauft weg…

Bringt euch in Sicherheit!

Vor mir und dem was ich tue!

Rennt so schnell ihr könnt!

Ignoriert mich ruhig weiter…

Ich kenne meinen Platz!

Gestern, heute, morgen…

Gestern ertragen…

Heute verloren…

Dachte, heute wäre ein guter Tag…

Wieder falsch gelegen…

Zurück

Meine gefürchtete Freundin ist
zurück…

Ihr Name Depression…

Sie nimmt mich voll in Besitz…

Bestimmt was ich mache…

Besser gesagt, was ich nicht mache…

Ich hänge rum, schlafe, bin unruhig,

nervös, gehe auf und ab…

Rauche viel zu viel…

Versuche mich irgendwie zu
betäuben…

Ich hasse sie!

Ich halte sie nicht aus!

Geh doch bitte weg!

Hau ab!

Gib mir mein Leben zurück!

Lass mich mein Leben leben!

Ich mit mir – ohne dich!

Unberührbar

Schau auf meine Narben...

Schau auf meine Hand!

Schau auf das, was ich erlebt habe...

Schau auf das, was ich gefühlt habe...

Es hat mich unberührbar gemacht!

Niemand kommt mehr an mich
heran!

Denn die Mauern um mich herum
wurden

zu hochgezogen, als dass sie jemand

überwinden könnte!

Ich fühle mich einsam und schwach...

Trotzdem will ich für mich alleine
sein!

Unantastbar, unberührbar...

Geschützt vor Schmerz und Scham...

Alle finden mich sonderbar...

Egal - ich bin unberührbar...

Verzeihen

Du kleines Wort mit so großer
Bedeutung!

Verzeihen – oft schwierig,

wenn nicht sogar unmöglich...

Es fällt Menschen so unheimlich
schwer,

zu verzeihen oder zu sagen

„Verzeih mir bitte"...

Vielleicht gäbe es gar nicht so viel

zu verzeihen,

wenn richtig zugehört würde...

Zuhören, präsent sein, aufmerksam
sein...

Dann würde vieles nicht entgleiten

und einiges nicht zu verzeihen...

Kämpfen

Wozu immer kämpfen?

Wenn ich doch einfach nur

schlafen möchte?

Ruhen im Schlaf,

leben im Traum,

sein im freien Raum…

Dort, wo ich einfach nur sein darf

und meine Seele ist ohne Bedarf…

Ohne Bedarf für irgendwen…

Dort einfach nur für sich zu sein…

Natur

Die Hortensien haben hunderte von
Blättern,

die Sträucher hängen schwer unter

tausenden von Beeren.

Die Natur schenkt uns ihr Vertrauen,

in dem sie uns schenkt Früchte und
Ähren,

die uns ernähren...

Sie gibt ganz ohne Verzicht,

ohne Rücksicht auf ihr eigenes
Gesicht...

Darum sollten wir sie schätzen und
ehren

und niemals unseren Dank
verwehren!

Denn es gibt keine
Selbstverständlichkeit

für diese Uneigennützigkeit!

Die Natur trägt Früchte,

ihr gebührt so viel an Ehre!

Nicht nur eigennütziges Gebare!

Die Natur schuldet uns nichts!

Wir sind jetzt in der Pflicht!

Sie zu ehren, zu pflegen und zu retten!

Sonst sind wir am Ende, darauf kann man wetten.

Schätzt und liebt die Natur,

sonst ist es besser, wir vergehen einfach nur…

Wir, die Menschheit…

Wir, die brachten nur Verdorbenheit…

Die Natur ist rein, ganz für sich allein…

Sie lebt, stirbt, heilt, nur für sich
allein...

Sie braucht uns nicht...

Und wenn wir nicht mehr sind,
die Natur sich besinnt...

Auf ihre Freiheit, Reinheit,
Unverdorbenheit...

Am Morgen

Alle leben ihr Familienleben,

ich meins mit zwei Katzenseelen.

Ihre Liebe ist rein,

keine Liebe kann größer sein!

Am Morgen, wenn es taut,

sind mir eure Gesichter besonders
vertraut.

Am Morgen ist noch alles rein,

dann schaut ihr mir direkt ins Herz
hinein.

Für ewig und alle Zeiten,

seid ihr das,

was meinem Herzen Freude kann
bereiten.

In meinem Herzen wird immer sein,

was von Seele so klar und rein.

Wahre Liebe können wir erleben,

durch gegenseitiges Geben.

Ohne Erwartung, doch voller
gegenseitiger Achtung.

Unsere Liebe pur, liebevolles
Vertrauen nur,

ohne Anspruch, einfach nur ins Herz
gegangen.

Von dort an bis in alle Ewigkeit,

sind wir zu dieser Liebe bereit!

Frei

Ich brauche freien Raum,

ganz für mich allein…

Frei sein…

Freiheit spüren…

Abseits von Pflichten…

Jenseits auch von meinen Lieben…

Einfach nur sein

und einen Moment allein sein…

Das brauche ich für mich,

ein Stück Freiheit – auch
Gedankenfreiheit…

Nur ganz für mich allein…

Nur für mich im Reinen sein…

Ich fühle mich nur selten frei,

darum genieße ich diese Zeit!

Freiheit ist eine Kostbarkeit,

warum bleibt dafür nur so wenig
Zeit?

Zeit ist kostbar!

Freiheit umso mehr!

Was würde ich geben, hätte ich
davon mehr...

Mehr Zeit zu denken, mehr Zeit im
Freien...

Ich könnte so vieles tun, statt es nur
zu ersehnen...

Frei sein ist nicht zu bezahlen,

Freiheit ist ein Geschenk...

Wenn die Zeit dafür da ist...

Frei sein will ich auch, für all die
schönen Dinge,

die ich noch erleben will...

Ich wünsche mir Zeit dafür,

dürfen frei sein dafür...

Frei sein, leben und genießen – und erleben...

Freiheit leben und erleben...

Ungefragt

Das Schicksal handelt,

ohne uns zu fragen...

Es gibt und nimmt,

nimmt uns ungefragt,

ist grausam, unerträglich...

Wir fragen uns nach dem Sinn...

Es heißt, aus Schlechtem

kann Gutes entstehen...

Doch was ist mit der Zeit
dazwischen?

Wir leiden, stellen Fragen,

bekommen keine Antworten...

Was bleibt, ist die Hoffnung,

doch worauf soll man in diesen
Zeiten hoffen?

Trauern, verzweifeln, weinen...

So sieht es aus!

Ein Tag vergeht,

der nächste kommt...

Vielleicht bald wieder einer,

an dem die Sonne für mich scheint...

Erfrorenes Herz

Ihr seid so kalt,

ohne Mitgefühl...

Was ist mit euch geschehen?

Wenn ihr redet,

fühle ich mich trotzdem ungesehen...

Ungesehen, ungeliebt, ungekannt...

Mein Herz ist erfroren an eurer Kälte
und Härte!

Meine Seele voller Schmerz und
Trauer!

Verstehe – ich bin zu schwierig...

Aber trotzdem lieb...

Meistens jedenfalls...

Ihr fühlt nur euch,

darum herum nur Leere...

Das muss ich lernen!

Lernen und verstehen...

Aber ich bin müde und leer...

Eine tote Seele leidet nicht mehr...

Ein erfrorenes Herz fühlt nicht
mehr...

Wüste

Es ist erst Mittag, doch es fühlt sich
an,

als wäre es schon später Abend...

Meine Gefühlswelt gleicht einer
Wüste,

ich empfinde nichts...

Bin nur leer und müde,

allein in der Wüste...

Brauche keine Nahrung

und keinen Trank...

Möchte einfach nur ruhen,

einen Moment lang...

Oder ewig ruhen,

in tiefem Schlaf...

Nicht denken, was ist morgen.

Hauptsache ist, was ich mir erlaube.

Von der Wüste in meinem eigenen Raum…

Zeit finden, wieder zu vertrauen…

Raus aus der Wüste…

Aber wie?

Wenn ich das nur wüsste…

Gemein

Vom Leben habe ich gelernt,

auch mal gemein zu sein...

Oje - jetzt bin ich aber verstimmt...

Das hat das Leben mich gelehrt...

Ich bin nicht mehr die, die ich mal
war...

Naiv und zu vertraulich,

das ist nicht sehr bedauerlich...

Denn das hat mich verletzlich
gemacht,

die Erfahrung hat mich geformt

und hart gemacht...

Deshalb erscheine ich heute auch mal
gemein...

Dabei schütze ich nur mich und

meine verletzte Seele!

Wer das nicht versteht,

hat einfach nicht richtig hingesehen!

Sorry – aber das Leben macht

einen manchmal auch gemein –

oder du gehst unter in dieser
gemeinen Welt!

Lieben und geliebt werden

Wir haben alle schon geliebt,

doch diese Liebe wurde nicht erwidert...

Dachten, wir zerbrechen daran.

Doch das Leben hat uns stark gemacht...

Stark und gewappnet mit einer eisernen Rüstung,

damit wir gefeit sind für das nächste Gefecht...

Austeilen und einstecken – das bestimmt den Kampf.

Dabei will doch jeder Mensch einfach nur lieben

und um seinetwillen geliebt werden...

Nicht nur darum kämpfen – stattdessen genießen!

Liebe, Freiheit, Leben…

Nehmen, auch mal ohne nur zu geben…

Lieben und geliebt werden,

ohne Gesetze und ohne gesetzte Grenzen…

Das Leben spüren und mal wirklich „leben"…

Aus Einsamkeit wird Zweisamkeit…

Sie macht uns stark und frei,

im Herzen und in der Seele…

Dämonen

Dämonen kennen alle unsere

negativen und traurigen Gedanken...

Davon leben sie...

In schlechten Zeiten saugen sie

die letzte Kraft aus uns heraus...

Ihre besten Freunde sind Verderben
und Tod...

Sie kennen keinerlei Freude!

Nur Traurigkeit, Elend und Not...

Befreist du dich aus diesen Zwängen

und denkst, du bist raus...

Falsch gedacht!

Jeder kann hingehen, wohin immer er
will...

Doch die Dämonen kennen

jeden Ort, jeden Winkel...

Sie werden dich finden!

Immer kommen sie zurück, greifen
nach dir…

Sie sind voller Gier!

Nach Macht und Überlegenheit,

dich zu zerstören jederzeit!

Wir können nicht entkommen…

Sie werden uns finden!

Oh, würden sie nur verschwinden!

Damit Träume von Neubeginn

und Freiheit Wirklichkeit werden!

Damit wir und unsere Seelen

in Freiheit leben

und das zeitlich begrenzte Sein

auf Erden wirklich leben…

Hürdenlauf

Es läuft alles nur dahin

und macht einfach keinen Sinn...

Ich tue, mache, schaffe,

überwinde jede Hürde...

Ohne, dass es jemand mal beachten
würde.

Selbstverständlichkeit tritt an die
erste Stelle.

Wenn du es nicht schaffst,

hängst du in der Falle!

Die Gefahr lauert an jeder Ecke,

nicht nur in der Ferne,

sondern auch an bekannter Stelle...

Sicherheit gibt es nicht mehr

und vertrauen kann man eh
niemandem hier...

Alle gieren nach deinem Vertrauen

und wollen dieses doch nur
missbrauchen...

Deshalb halte zu dir selbst!

Weil nur du dir trauen und

immer zu dir halten kannst!

Schicksalsfrage

Für die Welt spielt es keine Rolle,

wer oder was wir sind...

Für das Schicksal sind wir alle gleich
gesinnt!

Egal, wer oder was du bist...

Jeden das Schicksal gleichsam
erwischt...

Egal sind Trauer, Tränen,
Ungewissheit...

Wer es zwischendurch versucht

mit Gleichgültigkeit,

den die Trauer gleich wieder
erreicht...

Es gibt keinen Trost, keine
Gewissheit...

Nach jeder Frage kommt nur wieder
Ungewissheit.

Niemals Antworten auf Fragen,

wer fragt, der fühlt sich verraten…

Warum tut das Leben so weh?

Und alle sagen, das Leben ist so
schön?!

Die Antwort wird uns nur das Ende
geben.

Diese letzte Gewissheit gibt uns nur
das Licht!

Im Schatten

Was macht die anderen nur so
selbstbewusst?

Wenn ich sie beobachte, bereitet es
mir Frust...

So selbstverständlich, ganz
unumgänglich...

Sie sind sich ihrer selbst bewusst...

Wie sie das anstellen, habe ich noch
nie gewusst...

Ich sitze da, lache mit, bin eloquent
und witzig,

doch wenn ich im Nachhinein
darüber nachdenke,

fühle ich mich nicht mehr so
spritzig...

Nein – ICH stelle mich selbst in Frage,

das bringt mich natürlich in eine
missliche Lage...

Was ist an diesen Frauen anders?

Sind sie besser als ich?

Wäre ich auch woanders so?

Glaube ich nicht...

Ich bin ich – wie immer...

Womöglich wäre alles noch viel
schlimmer...

Sensibilität ist keine Schwäche,

doch ohne sie hätte ich mehr
Mächte...

Egal, ich werde es auch so schaffen,

auch wenn ich dahin lebe in deren
Schatten...

Wozu bin ich gut?

Wozu bin ich gut?

Das ist die Frage,

die mir stelle!

Wem werde ich gerecht?

Was mache ich gut?

Wozu bin ich eigentlich hier?

Kann ich irgendetwas wirklich gut?

Fehler habe ich genug gemacht!

Versagt in der Tat!

Kann ich leisten, was ihr erwartet?

Und was will ich für mich?

Ich weiß es nicht...

Und dann doch zu viel?

Darum frage ich mich:

Wozu bin ich gut?

Wie soll ich sein?

Bin ich lustig,

heißt es:

Sei nicht so albern...

Lache ich,

heißt es:

Sei nicht so laut...

Bin ich still,

heißt es:

Lach doch mal...

Bin ich traurig,

heißt es:

Hab dich nicht so,

du hast doch alles...

Egal, wie ich bin,

es ist nie gut...

Was erwartet ihr von mir?

Wie soll ich denn sein?

Ich bin nur ICH!

Und nicht eure Vorstellung

von mir!

Moment der Unvernunft

Ein einziger Moment kann

ein ganzes Leben verändern.

Ein kurzer Moment der Unvernunft,

sei es aus Wut, Trotz oder Schmerz...

Man hat die Wahl:

Vernunft oder Unvernunft,

Wahrheit oder Lüge,

Verständnis oder Unverständnis,

Treue oder Betrug,

Frieden oder Krieg,

Liebe oder Hass.

Der Bruchteil einer Sekunde

kann ein ganzes Leben verändern!

Sogar Welten zum Einsturz bringen...

Und alles nur wegen eines kurzen,

unbedachten Momentes!

Moment der Unvernunft.

Moment der Ruhe

Manchmal kommt ein Moment

der inneren Ruhe –

du kannst dich reflektieren,

dein Leben, dein Tun –

und das der Menschen

um dich herum.

Die Schatten verschwinden,

das Wesentliche erscheint

aus dem Verborgenen

und zeigt sich in vollem Glanz!

Lasst uns nur noch für

das Heute strahlen!

Gestern vergessen –

morgen egal...

Zeit ist kostbarer als Gold!

Dankbarkeit zeigen – Diamant!

Dankbarkeit fühlen – Brilliant!

Wie es war

Das Leben wird nie mehr,

so wie es war...

Unbeschwert, heiter,

wie es schien, für immer dar...

Doch der Schein trügt,

wir sehen, wie schnell uns das Leben
belügt...

Wiegt uns in Sicherheit und
Vertrauen,

dann sehen wir, wie schnell wir dies
brauchen...

Von heute auf morgen

machen wir uns Sorgen...

Wissen nicht mehr, wie es
weitergeht,

sehen mit an, wie schnell ein Leben
vergeht...

Ohne zu fragen, die, die bleiben,

in Trauer müssen sie verweilen…

Müssen zu sehen, wie sie
klarkommen,

trotz sie sich fühlen beklommen…

Trauer und Sorge,

Kummer um morgen…

Wer wird für uns sorgen?

Fühlen andere sich auch vom Leben
betrogen?

Wurden wir alle nur belogen?

Für Pflicht und Wohltaten,

aber wer hat uns mal gutgetan?

Wie schön, wenn diese Leben einmal
zu Ende gehen

und wir bekommen, was uns wurde
versprochen…

Für Arbeit, Fleiß und Liebe

nur einen kleinen Dank…

Vielleicht als heilender Trank...

Auf das unsere Seelen heilen

und ein wenig in Ruhe verweilen,

bevor sie auf die nächste Reise gehen und

sich in neue Gefilde begeben...

Ungleichgewicht

Was ist nur mit mir los?

Es ist, als hätte ich ein schlechtes Los,

gezogen vor ewigen Zeiten.

Aber ich kann es nicht begleichen...

Egal, was ich mache oder nicht,

ich fühle mich nicht im
Gleichgewicht...

Nach außen hin stimmt die Fassade,

doch bin ich alleine, sind überall
Risse...

Dabei besitze ich so viele schöne
Dinge,

doch erfreuen kann ich mich nur
geringe...

Manchmal mehr, manchmal weniger.

Dabei hänge ich sehr an einzelnen

Dingen…

Was ich mit mir selber mache, ist nicht gut.

Ich fühle es jeden Tag

und folge doch immer der gleichen Flut…

Der Flut von Müdigkeit, Erschöpfung,

Enttäuschung und Traurigkeit…

Der Möglichkeit der Flucht…

Dabei könnte alles so schön sein, entspannt…

Aber es ist nicht in Sicht,

also vergeht Tag für Tag,

ich bleibe gespannt…

Solange ich kann

und bevor ich zerbreche am „Wann"…

Wenn meine Zeit zu Ende geht,

geh ich aufrecht und freudig bewegt,

dorthin, wo meine Lieben sind

und dann werden wir in Freude

und in Liebe besinnt,

warten auf ein neues Leben

und dort wieder alles geben…

Gute Zeiten, schlechte Zeiten!

In guten Zeiten bist du fabelhaft,

lustig, anregend, unterhaltsam,

beinahe perfekt...

Dann wirst du geliebt!

Schlechte Zeiten dagegen

machen dich unattraktiv,

lästig, bedrohlich, Abfall tauglich...

Schneller als du denken kannst,

liegst du auf dem Kompost,

wie ein fauler Apfel!

Verloren

Ich habe gehofft, gekämpft, gegeben,

doch hat mir niemand viel
zurückgegeben…

Mein Herz scheint tot,

meine Gefühle in großer Not…

Die Mauern um mich herum werden
stetig höher,

die Hoffnung auf einen Retter immer
weniger…

Ich kann nicht mehr daran glauben,

die Hoffnung wird meine Gefühle nur
berauben…

Ich bin so einsam und alleine!

Fühlen andere das Gleiche?

Ich ersticke an der Einsamkeit,

dabei wünsche ich mir nur treue
Zweisamkeit…

Denen, die kamen, konnte ich nicht
vertrauen,

sie wollten/konnten nur
missbrauchen…

Jetzt stehe ich hier…

Was soll ich denn noch hier?

Trotz hoffen, kämpfen, geben –
immer nur verloren,

das Glück scheint mir verlogen…

Hoffen, kämpfen, geben –

und doch verloren…

Aber dann…

Ich kann so fröhlich sein…

Ich kann so lustig sein…

Male farbenfrohe Bilder…

Dekoriere, mache alles schön…

Aber dann…

Es fällt ein schwarzer Schatten über mich…

Zerstört alles Schöne…

Vernichtet meine Gefühle…

Woher? Und warum?

Tu mir selber weh…

Ich blute…

Es hört nicht auf…

Lasst mich in Ruhe!

Flieg!

Flieg los, meine Seele!

Ich lasse dich frei!

Hier bist du gefangen,

wie ein Vogel im Käfig,

lebendig begraben…

Mein Körper ist müde,

meine Seele krank…

Mein Herz zersplittert

in tausend Scherben…

Ich bin nur noch

eine leere Hülle…

Und darum, arme Seele flieg!

Sei frei und glücklich,

fliege weit weg

in den Himmel…

Ruhe dich aus

und erhole dich...

Und wenn du magst,

dann komm zurück...

Engel

Engel umgeben uns stetig,

weisen uns den Weg,

sanft und doch eindringlich.

Engel sind freundlich

und ihre Hilfe unentgeltlich.

Sie stehen uns zur Seite,

stellen keine Fragen

und würden uns nie anklagen.

Ihre Liebe und Hilfe sind rein,

wie der Sonnenschein,

der uns umgibt.

Sie strahlen mit leuchtendem Schein

und erhellen uns die Welt.

Wo Engel sind,

dort auch Hoffnung – bestimmt!

Licht

Es heißt:

„Immer wenn du meinst,

es geht nicht mehr,

kommt von irgendwo

ein Lichtlein her."

Doch wo ist dieses Licht?

Ich suche es,

aber ich finde es einfach nicht.

Ich wünsche es mir so sehr,

aber sehe es einfach nicht.

Wo bist du?

Warum kommst du nicht?

Ich vermisse dich!

Bitte komm zu mir!

Bitte komm schnell!

Lachen

Spät am Abend…

Ich sitze draußen und rauche…

Höre Menschen lachen…

Aber ich bin raus…

Außen vor…

Worüber lachen sie nur?

Ich habe gerade nichts zu lachen…

Kann nur warten…

Worauf?

Wenn ich das nur wüsste…

Was kommt auf mich zu?

Ich weiß es nicht…

Nur, dass es nicht zum Lachen ist…

Schutzengel

Du bist stets bei mir…

Siehst alles, nimmst alles hin…

So, wie ich bin…

Ohne zu hinterfragen

oder zu widersprechen…

Wie gerne würde ich

dich sehen können!

Du – immer an meiner Seite…

Dafür danke ich dir

mit Herz und Seele!

Auch wenn ich dicht nicht sehe,

du bist da, immer mir nah…

Verlässt mich nicht!

Vielleicht zeigst du mir

mal dein Gesicht…

Wir sind unzertrennlich...

Und das ist das, was zählt
letztendlich...

Nicht greifbar

Ich kann es nicht in Worte fassen…

Ich kann es nicht begreifen…

Von jetzt auf gleich alles verloren…

Gesundheit,

Arbeit,

Vertrautes,

Gesichter…

Einfach so raus!

Fern von Routine und fern von
Verstehen,

stehe ich und kann nur Fragezeichen
sehen…

Bin ratlos,

bin haltlos,

bin kraftlos…

Es ist unfassbar…

Es ist nichts mehr greifbar…

Warten (Teil 1)

Immer heißt es,

warte ab…

Habe Geduld…

Geld, Liebe, Arbeit – Sicherheit…

Habe Geduld,

warte…

NEIN – Ich will nicht nur warten!

Ich lebe jetzt

und in diesem Moment!

Jede Sekunde, die ich warten

MUSS,

ist vergeudete Zeit!

Warten ist für mich

SINNLOS!

Ich handele und ich will

JETZT!

Nicht mehr warten, auf das,

was vielleicht doch nicht kommt...

Zeitverschwendung hat ein Wort:

WARTEN!

Warten (Teil 2)

Worauf warten?

Warten auf Zuneigung?

Warten auf Liebe?

Warten auf Sicherheit?

Warten – oh, wie toll!

Bestimmt noch voller

Vorfreude und Hoffnung?

Ich habe genug gewartet,

gehofft, aus der Ferne geschwärmt...

Nicht mehr auf alles warten!

Leben – und das jetzt!

Kalter Ostwind

Wo bist du nur?

Was ist passiert?

Lebst du noch?

Das Schicksal hat

dich mir genommen...

Die Fürsorge

ist mir entronnen...

Wie nur?

Und warum?

Suche ohne Erfolg...

Herzschlag um Herzschlag...

Ein Tag vergeht,

dann der nächste...

Ich sehe dich im Traum,

dann das Aufwachen im leeren
Raum...

Du fehlst!

Ich liebe dich!

Würde alles geben,

damit du wieder bei mir bist!

Stehe draußen,

suche und vermisse dich!

Es weht ein kalter Wind...

Rückblickend

Manchmal schaut man im Leben
zurück,

stellt fest, es war hart, brutal und
schwer.

Schaut man zurück, haben diese
Jahre

einen dennoch stark gemacht.

Selbstsicherer und selbstbewusster.

Ja – man nimmt sich selber wahr!

Auch wenn es schwer war,

sogar sehr!

Vieles wird klarer und macht Sinn!

Wunden sind noch da, das braucht
Zeit!

Auch das macht Sinn!

Alles macht irgendwann einen Sinn –

RÜCKBLICKEND

Meine Sache

Was ich tue und was ich mache…

Meine Sache!

Wenn ich mache, was ich besser lasse…

Meine Sache!

Einfach mal sein, ohne was zu machen…

Meine Sache!

Nichts tun oder einfach tun, was ich will…

Meine Sache!

Wenn ich nur ich bin und nicht im Sinne anderer…

Meine Sache!

Wenn ich nicht funktioniere wie eine Maschine…

Meine Sache!

Wenn ich mich irre oder Fehler
mache...

Meine Sache!

Auch wenn ich Gutes tue...

Meine Sache!

Egal, was ich tue und mache...

Es ist MEINE SACHE!

Niemand

Niemand

erkennt, wer ich wirklich bin.

Niemand

sieht, wie es mir wirklich geht.

Niemand

bemerkt die Tritte in meine Seele
und mein Herz.

Niemand

beschützt mich vor mir selbst.

Niemand

nimmt die Schuld von mir.

Niemand

ist bereit, einfach für mich da zu sein.

Niemand

da, der mit mir bis ans Ende geht.

Niemand

da, der meine Seele wirklich kennt.

Niemand

da, der in den letzten Stunden meine
Hand hält.

Niemand

da, mit dem ich auf etwas hätte bauen
können.

Niemand da...

Wo?

Fühle mich so über alle Maßen
deplatziert...

Was soll ich hier?

Das ist doch nicht mein Leben...

Ich fühle mich taub und benommen,

durch alles, was mich nicht berührt...

Wo ist denn das wirkliche Leben?

Das Leben, in dem ich mich lebendig
fühle?

Ich fühle mich wie ein Schatten...

Was soll ich nur tun,

dass das Leben wieder bei mir ist?

Verdrängt die Not und die Schatten,

die mich davon abhalten,

einfach nur ich zu sein und

einfach nur zu leben...

Weshalb

Wir hetzen von einem Termin

zum anderen...

Auf das Handy starren,

die Gedanken wandern...

Fühlen uns gestresst,

keine Zeit für das „Selbst"...

Ist das „Leben"?

Wo ist die Zeit für uns,

was tun wir für uns?

Und für unsere Lieben?

Nachher weiß keiner,

warum sind sie nicht geblieben...

Inszenieren braucht seine Zeit,

das ist der Preis der Eitelkeit!

Am Ende bleibt nichts!

Der Schein verblasst

und ist außer Sicht...

Dann steht das Herz auf einmal still,

die Gedanken sagen weiter:

„Aber ich will…"

Doch dann ist niemand mehr da

und dann stellt sich die Frage:

„Weshalb?"

Fehler

Du hast mich von dir

abhängig gemacht...

Erpresst mich,

machst mich nieder...

Was fällt dir ein?

Denkst, du bist besser als ich...

Weit gefehlt, „mein Freund"...

Das war DEIN Fehler!

Im Stillen

Selbst wenn sie sehen,

wie du leidest,

steht niemand dir zur Seite...

Sind taub, stumm

und blind zugleich...

Nur nichts hören, sagen

oder sehen...

Sich zu verschließen

aus Einfachheit...

Und dich leiden lassen

im Stillen...

Betrogen

Betrogen von Partnern

Betrogen von „Freunden"

Betrogen von Freundlichkeit

Betrogen von Geborgenheit

Betrogen von Hoffnung

Betrogen von Liebe

Betrogen von Vertrauen

Betrogen von Zuversicht

Freiheit

Frei atmen

Frei denken

Frei entscheiden

Frei handeln

Freiheit ist kostbar

Freiheit ist leben

Freiheit für mich unverzichtbar

Keine Freiheit undenkbar

Keine Freiheit das Ende

Unsichtbar

Ich kann immer tun, machen, helfen…

Doch geht es mir selber schlecht,

bin ich vergessen…

Niemand da, der sich meldet,

um zu fragen, wie es geht…

Es scheint, als wäre ich nur gut,

für den Fall, dass jemand ist in Not…

Doch bin ich mal nicht da oder

alles ist klar,

ab da bin ich unsichtbar…

Egal, was auch passiert

Flüsse und Bäche fließen weiter,

Ebbe und Flut wechseln sich ab...

Die Jahreszeiten kommen und gehen,

egal, was auch passiert...

Ob wir fröhlich sind oder
schwermütig,

heiter oder verstimmt...

Es spielt keine Rolle,

alles geht seinen gewohnten Weg...

Egal, was auch passiert...

Hürde

Ich sehe einen Berg vor mir,

riesig und scheinbar unbesteigbar…

Trotzdem muss ich hinauf!

Einen Umweg gibt es nicht,

wie ich hinaufkomme, weiß ich noch
nicht…

Bin planlos und ratlos…

Wo ist links?

Wo ist rechts?

In welche Richtung biege ich ab?

Und ist dieser Weg dann der
Richtige?

Auf meinen Schultern lastet eine
schwere Bürde,

wie überwinde ich diese große
Hürde?

Unkraut

Ich fühle mich wie Unkraut am Wegesrand,

ungesehen und ungekannt...

Stehe rum und welke, ohne dass es jemand bemerkt.

Nur bei der Arbeit bin ich ein gutes Kraut,

dort eins, welches niemals welkt,

aber auch dort, ohne dass es jemand merkt.

Man sagt immer „Unkraut vergeht nicht",

aber ich fühle mich welk und elend.

Gehe ein am Leben...

Doch es gibt kein Gift, das mich ganz vernichtet...

Also gehe ich ein und blühe wieder auf,

welke, hänge und stehe wieder auf...

Wie das Unkraut am Wegesrand,

ungesehen und trotzdem da...

Unkraut am Wegesrand,

vielleicht sogar schön anzuschauen...

Doch ungesehen am Wegesrand...

Mein Leben

Wo ist das Leben?

Wo ist mein Leben

Ich kann es nicht fühlen…

Gefühlt sind nur Leere,

Einsamkeit und Traurigkeit…

Wo ist die Freude?

Die Freude am Leben,

die ich bei anderen sehe?

Woher nehmen sie die Kraft?

Wo ist mein Leben?

Einsamkeit

Ich vereinsame,

denn es gibt keine Zweisamkeit...

Wer ist für mich bereit?

Schenkt mir Zusammengehörigkeit?

Ich habe so viel zu geben,

wer will, bekommt mein ganzes
Leben...

Ich möchte auf etwas bauen,

doch dafür brauche ich Vertrauen.

Doch wem kann ich trauen?

Herz und Seele

Mein Herz ist schwer…

Schwer von Kummer und Leid…

Schwer von Traurigkeit und Ungerechtigkeit…

Meine Seele schmerzt…

Schmerzt von Schuld und Versagen…

Schmerzt von Not und Depressionen…

Herz und Seele weinen – gemeinsam…

Ich – das sind wir – Herz und Seele…

Wir leiden und fühlen uns leer…

Sind einsam und empfinden nichts mehr…

Außer Schmerz…

Schmerz und Trauer

Wie viel Schmerz und Trauer kann

ein Menschenleben, eine Seele,

ein Herz ertragen?

Welches Spiel mutet einem mehr zu,

als man verkraften kann?

Wie leben mit so viel Verlust und
Trauer?

Wo sind die, die ich liebe?

Was ist aus ihnen geworden?

Was, wenn kein richtiger Abschied
möglich war?

Wie verkraften, was nicht
ausgesprochen war?

Wie mit allen unbeantworteten
Fragen leben?

Wie diesen Schmerz beheben?

Wer hat eine Antwort dafür?

Wer kann mir sagen wofür?

Wo sind die Antworten?

Wer kann sie mir beantworten?

Fremdbestimmt

Ich fühle mich fremdbestimmt,

eingeschränkt in Handeln und Tun,

unfrei in dem, was ich denken darf...

Jeder zwingt mir seine Meinung auf,

reagiere ich nicht entsprechend
darauf,

gibt es neuen Ärger obendrauf!

Alle meinen es „so gut",

doch will ich es anders,

bin ich wieder stur...

Eingezwängt und erdrückt,

so fühle ich mich...

Denke, alle sind gegen mich...

So gehen die Tage dahin...

Ich auch – fremdbestimmt...

Sie wissen es nicht

Sie tun alles für dich,

sagen, sie „lieben" dich…

Wer tut so viel?

Geld, Ansehen, Anschein –

sieht aus nach ziemlich viel…

Aber: Welche ist meine
Lieblingsfarbe?

Sie wissen es nicht…

Was ist mein Leibgericht?

Sie wissen es nicht…

Nehmen nur an, dass sie wissen…

Doch im Inneren sieht es anders
aus…

Lieben, Aufmerksamkeit…

Was ist das?

Sie wissen es nicht…

In der Falle

Ich fühle mich so einsam und
verlassen,

nur nach außen hin wirke ich
gelassen...

Viele lernte ich im Laufe der Jahre
kennen,

doch keinen, den ich noch mit Namen
benenne...

Alles nur Schein, kein Sein,

dann bin ich besser allein...

Trotzdem fühle ich mich unwirklich,
betäube mich

und fühle mich nicht mehr irdisch...

Wie irgendwo dazwischen,

zwischen Pflicht, Schlaf und Rausch...

Nichts, niemanden als Partner,

den ich wirklich brauch...

Also lebe ich weiter von Tag zu Tag,

zwischen Pflicht, Schlaf und Rausch,

bis das Schicksal führt mich hinaus…

Weit hinauf…

In den Himmel vielleicht auch…

Darin liegt meine Hoffnung!

Ich hoffe dort auf Vergebung

für meine Verzweiflung!

Auch dafür, wenn ich mache,

was ich besser lasse…

Dinge, die mich für den Moment
beruhigen,

ohne der Zukunft oder nur morgen
zu vertrauen…

Jeden Tag nur weiter,

jeden Tag versuchen zu bestreiten…

Mit weniger Frust, mit weniger Sucht,

sie ist ja eh nur eine Flucht…

Aber Tag für Tag scheitert

und ich fühle mich noch mehr
gescheitert...

Wie schaffe ich es da raus?

Wie komme ich nur wieder da
heraus?

Verlust

Warum werden uns liebe Menschen
genommen?

Es heißt, das Schicksal hat sie
genommen.

Doch warum trennt Gott uns von
ihnen,

wo wir sie doch lieben?

Was sollen wir in diesem Leben
daraus lernen?

Außer das Verlust um Verlust sich
wird mehren?

Was ist unser Trost?

Ein Leben nach dem Tod?

Für alle gleich?

Egal, ob gut oder schlecht?

Wird das Schicksal so jedem gerecht?

Stimmt die Annahme, dass jedes
Leben

nur eine Weiterentwicklung der
Seele ist?

Und wird diese Annahme wirklich
bedeuten,

das Annahme auch Tatsache ist?

Fakt ist für mich,

die Seelen entwickeln sich weiter.

Danach geht es in den Himmel

oder wo auch immer weiter.

Dort sind sie glücklich und heiter.

So sollte es sein,

heiter, unbeschwert und frei.

Doch so ist nicht unbedingt das
Leben,

wir hängen stets am seidenen Faden.

Tag für Tag...

Das Schicksal wird es regeln

und lässt uns erst wieder frei,

wenn das Leben ist vorbei…

Dann ist die Seele frei,

kann sich erholen…

Bevor sie erneut gestellt wird auf die
Probe.

Laufen

Wenn du selber den Weg

nicht erkennst,

wird er dir schon gezeigt...

Habe keine Angst!

Angst macht nur klein

und verletzlich...

Also laufe weiter,

fällst du mal,

stehe wieder auf!

Schau nicht zurück!

Die Vergangenheit ist begraben

und kommt nicht zurück...

Laufe weiter!

Es ist dein Leben

und deine Zukunft!

Die Hoffnung kommt

zu dir zurück!

Ertrinken

Warum lässt du mich ertrinken?

In Sorgen, Schuld und Kummer...

Sorgen um morgen,

Schuld von gestern,

Kummer von heute...

Die Zukunft liegt nicht in meiner
Hand,

die Vergangenheit kann ich nicht
ändern...

Heute ist heute, so wie es ist...

Ich will nicht ertrinken an dem,

was ich erlebt habe und

nicht ertrinken an dem,

was ich falsch gemacht habe.

Doch es lässt mich nicht los.

Es ist wie ein Fluch...

Ein Fluch auf Lebenszeit…

Könnte ihn nur ich oder jemand
brechen…

Gerade rollt eine neue Welle auf mich
zu,

ich sehe sie genau, habe sie im Auge…

Hole tief Luft und warte ab…

Keine Hoffnung auf Rettung…

Bin mir selbst überlassen,

das Schicksal wird es schon
schaffen…

Es hat es in der Hand.

Werde ich leben oder ertrinken?

Gerade in diesem Moment

bleibt mir die Luft zum Atmen.

Ich glaube, ich werde ertrinken…

Winter

Umgeben von frostiger Kälte

sehne ich mich nach Wärme.

Es ist die Zeit, ein wenig

zur Ruhe zu kommen.

Frühe Dunkelheit lädt

zu Gemütlichkeit ein.

Duftende Kerzen und warme Lichter,

sich Zeit nehmen für schöne Dinge.

Ein Spaziergang im Wald –

es ist zwar kalt,

doch unbeschreiblich schön!

Auch die Bäume ruhen sich aus,

gönnen sich eine Pause.

Trotzen Wind und Kälte

am Tag und in den Nächten.

Warten auf den Frühling,

wo sie von Neuem zu leben
beginnen...

Weihnachten

Du unser Fest der Christen,

Fest der Nächstenliebe und Freude...

Die verlogene Scheinheiligkeit,

die aufgesetzte Fröhlichkeit...

Die „glückliche" Familienfeste,

Zeit der Zwiste...

Keiner weiß mehr um deinen wahren
Sinn,

das Christuskind – unser Herr Jesus
Christus.

Es geht nur um Aufmerksamkeit und
Geschenke

und drum herum nur Gezänke.

Darum kann ich auf dieses Fest
verzichten!

Verzeih mir heilige Zeit –

Weihnachten geht an mir vorbei!

Die Frau im Dunkeln

Ich, die Frau im Dunkeln,

fühle mich traurig und voller Sorgen.

Meine Haut zieren Narben,

jede einzelne erzählt ihre

Geschichte ohne zu klagen.

Die Narben sind stets verborgen,

niemand weiß wirklich von meinen
Sorgen.

Es soll auch keiner wissen,

denn es geht auf mein Gewissen.

Darum wie ich lebe und was ich
mache,

ich weiß genau, was ich besser lasse.

Besser lassen würde, hätte ich die
Kraft dazu.

Doch dafür braucht es Willen und
Mut.

Beistand ohne Vorwurf,

einen Arm, der mich hält und spricht
mir gut zu.

Ja, ich gebe es zu – ich brauche Hilfe!

Ich weiß, dies alles ist nicht in
irgendeinem Sinne.

Doch was soll ich tun?

Jeden Tag der Wille – jeden Abend
die Schwäche.

Wäre da mal etwas oder ein
„Jemand",

das/der mich wirklich im Herzen
berührt,

sicher wäre ich auf der Stelle
verführt.

Damit meine Wunden heilen

und ich bin wieder mit mir im
Reinen.

Loslassen kann von meinen Süchten,

mich in Geborgenheit und Sicherheit
flüchten.

Nein, nicht flüchten –

in Geborgenheit und Sicherheit
wiegen!

Darauf hoffe ich – ich gebe nicht auf!

Noch sehe ich die Sterne funkeln.

Nacht

Bring mich rüber,

übergebe mich der Macht

der Nacht...

Der Welt der Träume,

lass mich schweben in deren Raum...

Ich fühle mich frei!

Hier bin ich glücklich

und darf sein...

Oh Nacht, oh Traum,

ihr bringt mich heim...

Bin sicher und geborgen

bis zum ersten Sonnenschein...

Verlogen

Dieses Leben scheint mir verlogen,

es scheint, als soll ich hier nur
geben...

Viele Menschen scheinen mir
verlogen,

ich kann ihnen mein Vertrauen nicht
schenken...

Mut scheint mir verlogen,

er war bei mir und was ist aus ihm
geworden...

Intuition scheint mir verlogen,

sie hat mich mehr als einmal
betrogen...

Äußeres scheint mir verlogen,

ich bin unsichtbar und tappe im
Verborgenen...

Vertrauen scheint mir verlogen,

es wurde zu oft missbraucht…

Fröhlichkeit scheint mir verlogen,

stets umfangen mich Traurigkeit und
Sorgen…

Unbeschwertheit scheint mir
verlogen,

ich habe sie irgendwann mal
verloren…

Schicksal scheint mir verlogen,

trotz beten und flehen –

es wird anders geschehen…

Vermissen

Ich vermisse schon jetzt mein
Zuhause,

meine vertraute Umgebung,

meine Lieben...

Es fühlt sich an, als müsste ich

einen Schritt zur Seite tun...

Kann nur zusehen,

nichts tun, außer zuschauen.

Mein Herz ist so schwer,

vermisse so viel mehr.

Der Weg ist das Ziel,

ich bemühe mich, strenge mich an...

Wird mir das zu viel?

Keine Ahnung, ich kämpfe dagegen
an...

Gegen Wut und Strenge,

gegen Angst und Versagen.

Ich will hier und so nicht sein!

Bitte lasst mich nicht allein!

Ich vermisse schon jetzt mein Heim,

doch hoffe, es bleibt vor anderen
geheim.

Am Ende wird es hoffentlich gut,

das macht mir heimlich Mut.

Kaputt

Ich bin kaputt,

funktioniere nicht mehr...

Schreie, tobe,

raste total aus...

Was passiert mit mir?

Warum jetzt und hier?

Manchmal kenne ich

mich selbst nicht mehr...

Alle sind enttäuscht von mir,

aber noch schlimmer –

verletzt von mir...

Durch mich,

mein Handeln und Tun...

Worte und Taten

verletzen bis ins Mark...

Die Flut der Wut

ist so stark...

Sie reißt alles mit,

hat mich auch schon oft

in Bedrängnis gebracht...

Leider nicht nur mich,

Familie und Freunde

sind außer sich und

trauen mir nicht mehr...

Sagen, so geht es nicht weiter...

Änderung oder Untergang...

Ich bemühe mich,

hole tief Luft und hoffe,

dass der Atem reicht...

Um zu heilen und

selber zu verzeihen...

Ich bin kaputt...

Wie kann ich heilen?

Distanz

Ich war präsent,

ich war da…

Habe zugehört,

getröstet,

Hände gehalten…

Ich war da!

Sie waren mir

alle wichtig,

jedes Gespräch,

jeder Händedruck,

jede Umarmung,

jeder Gruß…

Dann war ich

nicht mehr da.

Oft habe ich

an sie alle gedacht,

wie oft wir

zusammen gelacht,

den Tag doch noch

gut zu Ende gebracht...

Doch dann –

egal,

vergessen,

ausgetauscht,

werde nicht mehr gebraucht...

So sind auch

Leben und Sterben...

Bist du da,

ist es gut –

gehst du,

bist du vergessen...

Die Einsicht kam mit Fulminanz!

Seitdem bleibe ich lieber auf

DISTANZ

Leerer Raum

Wo geht ihr hin?

Lasst mich nicht alleine!

Ich fürchte mich im Dunklen

und im leeren Raum!

Bleibt bei mir,

steht mir bei!

Ins Licht

Ich will zurück ins Licht,

da wo ich sicher und geborgen bin.

Wo es keinen Kummer

und keine Sorgen gibt.

Es ist so leicht im Licht,

dort macht alles einen Sinn.

Wo wir sind,

wer wir sind

und man uns vergibt...

ICH

Ich bin alleine.

Ich habe Angst.

Ich bin verzweifelt.

Ich weine.

Wo ist Trost?

Wo ist Hoffnung?

Ich hoffe.

Ich suche.

Doch ich bin alleine...

Trauriges Herz

Trauriges Herz,

unbeschreiblicher Schmerz!

So sollte es immer sein...

Weggestoßen,

irre genannt...

Doch nicht für immer!

Bald bin ich frei!

Danke Schicksal,

endlich bin ich frei!

Verwilderter Garten

Das Leben erscheint manchmal

wie ein verwilderter Garten.

Auf den ersten Blick ist er
wunderschön,

doch er muss gepflegt werden.

Und das geht nicht von heute auf
morgen,

sondern nur Schritt für Schritt,

Tag für Tag.

Suche einen Anfangspunkt

und fang einfach an.

Das Unkraut muss weg und alles
Welke,

schuffeln, harken, säen und neu
bepflanzen.

Dann habe ein wenig Geduld…

Du wirst sehen, wie die Triebe neu
ausschlagen,

aus Samen werden Blumen.

Wie schön, wenn ein verwilderter
Garten

zu neuer Schönheit erblüht.

Schmetterlinge

Drei Schmetterlinge ruhen

auf meiner Hand...

Ihre Namen sind Liebe, Freiheit

und Unabhängigkeit.

Ihr seid frei!

Fliegt von Blüte zu Blüte,

kostet den süßen Nektar und

trinkt vom kühlen Wasser

der Tauperlen...

Lasst euch nicht beirren!

Vertraut auf euch

und euer Wissen!

Wenn ihr vom Fliegen

genug habt,

dann kehrt zurück und

ruht euch aus im Schutz

und der Geborgenheit

meiner Hand.

Mein schönster Traum

Letzte Nacht

begegneten wir uns im Traum,

waren uns sofort vertraut.

So ein Glück, so eine Liebe!

Danach haben sich gesehnt

mein Herz und meine Seele!

Wäre ich nur im Traum geblieben!

Meine Seele sprang vor Glück,

mein Herz außer Takt beim ersten
Kontakt.

Deine Augen, dein Gesicht...

Ich fühlte Geborgenheit

und Liebe vom ersten Augenblick.

Hätte ich doch bleiben können!

Träume erwecken meine Seele zum
Leben,

um zu bleiben, würde ich alles geben!

Im Traum

Im Traum erwache ich zum Leben.

Es ist wahres Erleben!

Ich bin glücklich und frei...

Die Sorgen auf Erden einerlei...

Darum liebe ich den Schlaf und den Traum!

Sie geben mir freien Raum.

Ich kann sein, was und wo immer ich will...

Hin, wo auch immer ist das Ziel.

Kehre jede Nacht zurück –

welch ein Glück!

Before I go

Sad memories so deep in my heart,

I know, they will never do part.

And in time I learned

to protect my heart.

Many wanted to harm,

but I can keep myself warm.

Those who came, didn´t make sense.

I built a fence –

higher and higher…

But I don´t want to be just a fighter.

Although no one can come close to
me anymore.

But I know, there is more.

More than I can see,

more that I can imagine.

And I learned, that I´m not a machine!

I want to be free!

I know there is really more than I can
see.

Time will let me know,

I believe in it somehow,

the years will let it show.

Maybe before I go…

Hold on

What happened to my life?

It can´t be just a sacrifice…

At the outside I seem to be cold,

but sometimes I only feel old…

Old in feeling,

old in thinking…

But I´m not old…

Is there someone that wants to hold?

Hold me, accept my feelings

and keep my secrets…

Who can see all this without bad
meanings?

Is it really so hard,

to find somebody for a lonely heart?

For heart and soul…

That would be so beautiful!

But even if I will stay alone,

I will try to be happy all alone…

Maybe I´m waiting,

but not with expectation…

So it goes on, even if I´m alone…

I´m holding on, while the time goes
along…

What I need

What I need

is a hand to hold,

a shoulder I can lean my head on,

someone who dries my tears

and takes away my fears...

Respect and trust...

A little bit of harmony

that takes away the dust

laying on me...

Love and understanding

to heal my soul and ease my mind.

Gives peace to my thoughts...

To know, that we can go through...

That´s all I need!

Nichts bleibt für immer

Freude, Liebe, Glück…

Heiterkeit, Ausgelassenheit…

Genieße es!

Nichts bleibt für immer!

Angst, Traurigkeit…

Einsamkeit, Verzweiflung, Wut…

Lass sie los!

Nichts bleibt für immer!

Je dunkler die Momente,

aus denen du wächst,

desto intensiver

die glücklichen Momente!

Lebe die Freude in jeder Sekunde!

Denn nichts bleibt für immer,

vergiss das nicht!

Nur eins wird bleiben...

Das du irgendwann

nicht mehr bist!

Kaffee

Ich bin nur ein gewöhnliches
Kaffeepad,

kein Vollautomat...

Der verwöhnte Egozentriker,

der nur an Besonderem interessiert
ist,

würde gleich sagen: „Das schmeckt
mir nicht!"

Denn für ihn zählt nur der Preis!!!

Hauptsache teuer, ob es schmeckt
oder nicht...

Der Bescheidene würde sagen:

„Dieser Kaffee schmeckt mir gut,

er ist nicht so stark und bitter."

Also scheiden sich die Geister...

Geschmack hin oder her...

Es ist eine Sache des Betrachters.

Da stellt sich nur die eine Frage:

„Ist teures immer besser?"

Treibjagd

Ich werde gejagt, wie ein wildes
Tier...

Einige Pfeile haben mich schon
getroffen,

aber ich war in der Lage, sie zu
entfernen...

Doch der letzte Pfeil steckt tief in
meinem Fleisch...

Auch hat er mein Herz getroffen...

Diesmal kann ich ihn nicht selber
entfernen...

Er vergiftet mein Fleisch...

Ich blute...

Kann den Schmerz nur betäuben,

doch auch das vergiftet mein
Fleisch...

Ich kann mich nicht mehr retten…

Versuche vergebens zu fliehen…

Doch die Treibjagd ist noch nicht beendet!

Mein eigener Schatten

Ich stehe neben mir und schaue zu,

wie das Leben und die Zeit

laufen einfach so vorbei...

Bin nur noch mein eigener Schatten –

lebendig begraben.

Ich weiß nicht –

bin ich gut genug für irgendwen?

Kein Sonnenstrahl kann mich berühren,

werde erfrieren an der Kälte der Gefühle.

Gefangen im Schatten –

gehe ein wie eine Blume,

die Wärme braucht und Sonne.

So wie meine Seele...

Aber ohne –

gefangen im eigenen Schatten...

Nichts

Keine Freude mehr,

keine Ziele mehr,

keine Hoffnung mehr…

Nichts…

Mein Leben –

eine Aneinanderreihung

schrecklicher Momente…

Tritte, Schläge, zertrümmertes Herz…

Verblutend auf dem Schlachtfeld,

das sich Leben nennt…

Ich will mich selbst,

mit Herz und Seele

nur noch unter einer Decke
verstecken…

Die Kraft ist weg,

habe nichts mehr zu verschenken…

Weder Liebe, Freude, Hass oder
Wut…

Nichts tut mehr gut…

Perfekt

Nichts ist perfekt!

Nicht mal einen Schritt!

Hinter jeder Ecke lauern

missbrauchtes Vertrauen,

loderndes Misstrauen,

seelische Misshandlung,

grauenvolle Verwandlung...

Fühlte mich geborgen,

doch alles war verlogen,

wurde maßlos betrogen...

Habe das Spiel mal wieder verloren...

Es hätte perfekt sein können,

würde mir das Schicksal

auch mal etwas Liebe gönnen...

Doch – es ist nichts perfekt...

Ich auch nicht, liege im Dreck…

Im Dreck der Arroganz, Eitelkeit,

Sturheit und Unwissenheit…

Und doch – ich liege lieber im Dreck,

als „sauber" und perfekt!!!

Sonne

Ich bin die Sonne in meinem Leben.

Strahle für mich, auch ganz allein.

Ich bin die Kraft, die aus mir
erwächst,

auch in den schwersten Stunden.

Es fällt schwer – doch es geht!

Die eigene Sonne zu sein,

sich an sich selber anzulehnen,

Kraft zu tanken, stark zu sein.

Wie die Sonne –

untergehen und wieder aufgehen…

Ich bin die Sonne in meinem Leben!

Mit mir allein im Garten

Die Katzen räkeln sich in der Sonne,

ich höre das Gezwitscher der Vögel

und Hähne krähen...

Bienen summen munter,

eine Schnecke kriecht am Blatt
herunter,

Enten baden in meinem Teich...

Hier ist mein Reich.

Für einen Moment ist alles vergessen,

es gleicht einer Meditation im Jetzt
und Hier...

Ich für mich und ich bei mir,

allein in meinem Garten...

Marionette

Vor langer Zeit gab es mal

so etwas wie Sicherheit…

Doch die Fäden sind zerrissen.

Sie weint ganz alleine in ihre Kissen…

Die Puppe funktioniert nicht so,

wie erwartet.

Stattdessen liegt sie starr in der Ecke

und wartet…

Doch worauf? Worauf den warten?

Keinen interessiert, was sie denkt.

Niemand da, der ihr Potential
erkennt…

So liegt sie sterbend in der Ecke,

alleine und vergessen –

die arme Marionette.

Kartenspiel

Das Leben ist wie ein Kartenspiel.

Du weißt nie, welche Karten du
erhältst.

Mal sehen sie gut aus, dann eher
schlecht.

Du riskierst etwas, das andere Mal
bist du vorsichtig.

Doch welche Entscheidung ist
richtig?

Welche falsch?

Was, wenn du nicht die richtige Wahl
getroffen hast?

Glück oder Pech…

Das entscheidet das Schicksal.

Sind die Karten aus, gibt es keinen
Weg mehr hinaus.

Es ist entschieden – Gewinner oder
Verlierer.

Das Spiel ist aus!

Doch dich trifft keine Schuld!

Gefühle und Intuition verleiten dazu,

dich zu entscheiden.

Vorsicht oder Sicherheit, Gewinn
oder Verlust.

Das Leben ist nur ein Kartenspiel.

Doch eins ist gewiss…

Sterben tun sie alle – Gewinner oder
Verlierer.

Im selben Boot

Ich dachte,

wir sitzen im selben Boot.

Doch als ich meine Augen öffnete,

warst du nicht mehr da...

Das Verbindungsseil durchtrennt,

unsere Verbindung abgeschnitten...

Aus der Traum von Hoffnung,

ich abgetrieben ins Nichts...

Ich überlasse es dir

Ich überlasse es dir,

ob du mich lieben willst oder nicht...

Ich überlasse es dir,

ob du Zeit mit mir verbringen willst...

Ich überlasse es dir,

wieviel Freiheit du brauchst...

Ich überlasse es dir,

wann ich für dich da sein darf...

Ich überlasse dir alles!

Und sei gewiss –

Ich bin immer da, wenn du mich
brauchst!!!

Gefangen

Ich bin gefangen, in die Falle
gegangen...

Stille und Einsamkeit herrschen über
die Zeit...

Alleingelassen mit Gefühlen und
Gedanken...

Ersticke, was ich denke...

Betäube, was ich fühle...

Draußen nur Sturm und Regen...

Verkrieche mich, versuche mich zu
verstecken...

Versuche mich warmzuhalten, bis der
Sturm vorüber ist,

hoffe ich erfriere nicht...

Warte auf den Frühling, der mich
vielleicht befreit...

Damit ich wieder Wärme spüre

und wieder anfangen kann zu leben.

Mein Gefängnis mich nicht mehr hält,

Sonne mich wieder wärmt

und alles einen Sinn erhält...

Kaltes Herz

Du hast mich mit scheinbarer Wärme umgarnt,

dein kaltes Herz gut getarnt.

Hast du deine Beute gefangen,

reißt du sie mit für dein Verlangen.

Ist der Appetit vergangen, lässt du die Beute fallen.

Sie soll an Kälte erfrieren, genauso wie du.

Wirfst sie fort, sagst: „Lass mich in Ruh!"

Gefangen in der Gletscherspalte der Gefühle,

lässt du mich verharren.

Einsam und verlassen in eisiger Kälte.

Keine Hilfe, nur Todesstille...

Hier bin ich gefangen in Traurigkeit
und Härte.

Habe Angst – werde alleine
erfrieren...

Du bist fort, nur bei dir.

Auf der Suche nach der nächsten
Beute,

wie ein wildes Tier – unzähmbar und
voller Gier.

Doch scheinbar einsam,

denn mit deinem kalten Herz

bleibt dein Leben ein ungeheilter
Schmerz.

Verbrannte Erde

Ich suche meinen Platz in dieser
Welt,

doch ich finde ihn einfach nicht...

So gerne ich will...

Ich habe den Ausweg verfehlt.

Ab und zu war ich nah dran,

dann wieder Welten entfernt...

Ich komme nicht ran...

Versuche, falle, versuche, falle...

Immer wieder eine gemeine Falle.

Hinter mir nur verbrannte Erde.

Wollt ihr lieber, dass ich sterbe?

Keinen Halt, der mir Sicherheit gibt,

kein Herz, das mich wirklich liebt...

Gibt es irgendwen, der mich wirklich
kennt?

Der mich nimmt, so wie ich bin und

mich wirklich erkennt?

Ich habe alles gegeben,

in trügerische Geborgenheit meine
Seele gegeben...

An Menschen, die mir den Atem
nehmen,

mir die Schuld für alles geben.

Dafür gibt es kein Vergeben!

Die Jahre sind zerronnen,

anscheinend nichts gewonnen...

Das Einzige was übrig bleibt,

aus dieser Zeit – die Ernte,

nichts als verbrannte Erde...

Über die Autorin

Die Autorin, geboren 1974, schreibt unter
dem Pseudonym Rosina Morgenstern.

Bewegend verarbeitet die Autorin
Depressionen, emotionale Instabilität und
emotionale Abhängigkeit.

Ihre modernen Gedichte mit eigenwilligem
Stil berühren und regen zum Nachdenken an.

In außergewöhnlichen Texten spiegelt sich die
Widersprüchlichkeit zwischen nüchterner
Selbstkritik, Optimismus und Pessimismus.

Notizen / Anmerkungen

Notizen / Anmerkungen

Zeitfracht Medien GmbH
Ferdinand-Jühlke-Straße 7
99095 Erfurt, Deutschland
produktsicherheit@kolibri360.de